BROCKHAUS!

Was so nicht
im Lexikon steht

BROCKHAUS!
Was so nicht im Lexikon steht

Ebenfalls unter diesem
Titel erscheint jedes Jahr ein
Tageskalender

BROCKHAUS!

Was so nicht im Lexikon steht

Kurioses und Schlaues
aus allen Wissensgebieten

F. A. Brockhaus
Leipzig · Mannheim

Texte von Joachim Heimannsberg,
illustriert von Michael Meier
Redaktion: Gabriele Gassen

Die Deutsche Bibliothek – CIP-Einheitsaufnahme
Heimannsberg, Joachim:
BROCKHAUS! Was so nicht im Lexikon steht;
Kurioses und Schlaues aus allen Wissengebieten/
[Autor: Joachim Heimannsberg. Ill.: Michael Meier]. –
Leipzig; Mannheim: Brockhaus, 1996
ISBN 3-7653-1551-6
NE: HST

Das Werk wurde in neuer Rechtschreibung verfasst.

Satz und Grafik: Harold Vits, Mannheim
Druck: wwk druck GmbH, Speyer
Bindung: Großbuchbinderei Weinsberg
Printed in Germany
ISBN 3-7653-1551-6

Liebe Leserin, lieber Leser,

bei der Arbeit an unseren Nachschlagewerken, die seit Generationen als zuverlässige Helfer in allen Wissensfragen gelten, stoßen wir oft auf interessante Einzelheiten, kuriose Details und merkwürdige Begebenheiten.
Wir möchten Ihnen in diesem Band eine bunte Auswahl solcher Leckerbissen aus der Welt des Wissens anbieten, in Form von verblüffend nahe liegenden Fragen und ebenso amüsanten wie informativen Antworten.

Begleiten Sie uns durch sechs spannende Kapitel:

Wir wünschen Ihnen viel Vergnügen!

Ihre BROCKHAUS-Lexikonredaktion

1. Kapitel

Punsch & Marmeladenseiten

Die Mutter aller Fragen:

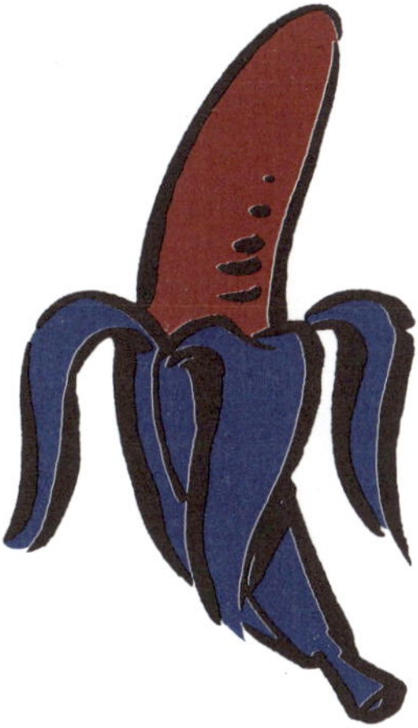

Warum ist
die Banane
krumm?

Aus den rein weiblichen, herabhängenden Blütenständen der Beerenfrucht entwickeln sich die traubigen Fruchtstände. Diese sogenannten „Hände“ haben bis zu 16 Früchte. Beim Wachsen wenden sich die einzelnen „Finger“ nach oben dem Licht zu. Dabei krümmen sie sich.
Die **Bananenstaude** gilt als der biblische Baum der Erkenntnis und so wurde früher die Banane auch Paradiesfeige oder Adamsapfel genannt.

Zu jedem Punsch gehören fünf Zutaten.

Warum
ausgerechnet
fünf?

Das Wort **Punsch** leitet sich vom Hindiwort für fünf her: „pantch". Und ursprünglich gehören auch fünf zu erhitzende Bestandteile dazu: Arrak oder Rum, Tee, Wasser, Zitrone und Zucker. Viel Spaß dabei, die richtige Mischung herauszubekommen!

Zum Kochen von Nudeln und Kartoffeln gibt man stets Salz ins Wasser.

Warum?

Auch wenn Sies nicht wissen: Sie tun das nicht nur wegen des Geschmacks, sondern weil Salz den **Siedepunkt des Wassers** erhöht. Die Wassermoleküle bewegen sich bei der Erhitzung immer schneller und das Salz verzögert diesen Prozess. Dadurch verdampft das Wasser erst später, also jenseits der 100 °C. Und in dieser größeren Hitze werden Ihre Kartoffeln und Nudeln ein wenig schneller gar. Von Interesse ist aber auch der Einfluss des atmosphärischen Luftdrucks: In 500 m Höhe etwa, beispielsweise in München, siedet Wasser schon bei ca. 98,4 °C. Dort muss man sein Frühstücksei eben länger kochen lassen …

Warum landen

Brote,

Brötchen, Semmeln,

die einem aus

der Hand rutschen,

immer auf der

Marmeladenseite?

Wenn, dann kippen belegte Brote meist über den Außenrand der Hand ab. Beim schreckhaften Versuch des Essers dies zu verhindern erhalten sie einen Schwung, der sie in eine **Drehbewegung** um die eigene Achse versetzt. Allerdings reicht dieser Schwung im Verhältnis zur Fallhöhe nicht aus um die Stulle einen vollständigen Salto fliegen zu lassen ...

Welcher Leidenschaft verdanken wir das Sandwich?

Der **Spielleidenschaft**.

John Montagu, der 4. Earl of Sandwich (*1718, †1792), war es überdrüssig, wegen seines Appetits das Kartenspiel unterbrechen zu müssen. So kam er auf die Idee sich während der Partie ein Stück Braten zwischen zwei Weißbrotscheiben servieren zu lassen. Das Abendland dankte ihm dadurch, dass diese Erweiterung kulinarischer Möglichkeiten noch heute seinen Namen trägt.

Weißwein leicht gekühlt,

Rotwein bei Zimmertemperatur:

Warum soll man sie

so trinken?

Rotweine enthalten eine Reihe **natürlicher Säuren**, besonders Gerbstoffe (Tannine), und andere Bestandteile, die im Weißwein nicht vorkommen. Sie sind nur in der Beerenhaut vorhanden und gehen, neben den roten Farbstoffen, bei der Maischegärung in den Most über. Bei gekühltem Rotwein überdecken die Säuren die Geschmackselemente der Traube. Bei Raumtemperatur ergänzen sich Säuren und Traubengeschmack harmonisch. Da Weißweine kein Tannin und andere Säuren enthalten, stört Kälte nicht ihre Ausgewogenheit. Zum Wohl!

Woher stammt das

Croissant:

- *aus Österreich*
- *aus Frankreich*
- *aus der Schweiz?*

Es stammt **aus Österreich**. Als die Türken 1683 zum zweiten Mal Wien belagerten – 1529 hatten sie zum ersten Mal die Stadt bedroht –, hörten die wie stets nachts arbeitenden Bäcker, wie die Türken einen Tunnel unter die Stadt trieben. Durch ihren Alarm konnten die Bäcker Wien retten. Zur stolzen Erinnerung an dieses Ereignis kreierten sie das Croissant, dem sie die Form des türkischen Halbmonds gaben – so will es eine Geschichte.
Auf alle Fälle wurden die „Hörnchen“ (denn das bedeutet das Wort) in Wien kreiert, um den Sieg über die Türken zu feiern.

Woraus bestanden die ersten Teebeutel:

➡ *aus Papier*

➡ *aus Leinen*

➡ *aus Seide?*

Aus Seide. Der New Yorker Tee-Importeur Thomas Sullivan kam 1904 auf die Idee seine Teeproben anstatt in kleinen Blechdosen in stilvollen Seidensäckchen zu versenden. Seine Kunden allerdings missdeuteten die neue Versandart, legten die Beutel in die Teekanne und übergossen sie mit kochendem Wasser. Eine Blüte der modernen Kultur – der Teebeutel – war erfunden.

Teestrauch und Kaffee-

pflanze enthalten

KOFFEIN.

Welche Pflanze noch?

Eine Pflanze, die auch noch Koffein enthält, ist der **Matebaum**. Aus seinen Blättern und denen von verwandten südamerikanischen Stechpalmenarten wird Mate hergestellt, der auch Paraguaytee, Yerba oder Jesuitentee genannt wird.
Die getrockneten Blätter enthalten 0,5–1,5 % Koffein, 7–11 % Gerbstoffe und außerdem Bitterstoffe.
Das leicht anregende Getränk wird vor allem in Südamerika getrunken.
Der Vollständigkeit halber sei noch die Kolanuss erwähnt, die 2–3 % Koffein enthält.

Wo stand das erste Kaffeehaus Europas:

- *in Wien*
- *in Venedig*
- *in Oxford?*

Das erste europäische Kaffeehaus wurde 1647 in **Venedig** eröffnet, da die Kaufleute solche Einrichtungen in Konstantinopel und Alexandria als sehr angenehm empfunden hatten.
1650 folgte ein Kaffeehaus in Oxford und aus ihm entwickelte sich in England die uns aus Literatur und Film so gut bekannte Institution des exklusiven Clubs.
Das erste deutsche Kaffeehaus soll 1677 in Hamburg eröffnet worden sein, immerhin einige Jahre bevor am 17. Januar 1685 die erste Konzession für ein Wiener Kaffeehaus erteilt wurde.

Eine uralte Wurst ...

Wann wurde erstmals eine Salami in einem Kochbuch erwähnt?

Die **Salami**, so eine Überlieferung, tauche erstmals in einem Kochbuch des Jahres 228 v. Chr. auf. Ihr Name leite sich von Salamis her, einer antiken Stadt in der Nähe von Famagusta auf Zypern. Fest steht aber, dass sich das Wort von italienisch „salame“ ableitet und dies wiederum auf italienisch „sale“ (Salz) zurückgeht.
Erst 1850 brachten italienische Bauarbeiter die Salami nach Ungarn. Die Magyaren waren derart begeistert, dass die Herren Pick und Herz im Jahre 1869 zwei Salamifabriken eröffneten, die beide heute noch bestehen.

Im spätmittelalterlichen Nürnberg wurde den Mandeln eine besondere Eigenschaft zugesprochen.

Welche?

Der Nürnberger Meistersinger, Barbier und Wundarzt **Hans Folz** (*1440, †1513) empfahl Mandeln zur Vorbeugung gegen den Alkoholrausch und zur Bekämpfung von dessen Folgen. Dazu reimte er:

„Zu schlofen machen sie bereit
Und wehrn damit der trunckenheit.
Und nach ir rechten ordinanz
So sterken sie des hirn substanz.“

Mit Nebukadnezar lässt sich länger feiern als mit Methusalem.

Ist er trinkfester?

Darüber liegen uns heute keine Zeugnisse vor. Doch wird bei umseitiger Frage weder auf den babylonischen Herrscher noch auf den biblischen Urvater sprichwörtlichen Alters (er soll 969 geworden sein!) angespielt: „Nebukadnezar" nennt man das größte **Champagnerflaschenformat**. Mit dem darin enthaltenen Schampus lassen sich weit über 100 Gläser füllen. Mit der „Methusalem"-Größe kommt man nur auf die Hälfte.

In einem europäischen Land entwickelte sich das Kakaotrinken zu einer Kultur.

In welchem?

In Spanien. Um 1520 hatten die Spanier den Kakao aus Mexiko mitgebracht. Im Altmexikanischen wurde er „cocoatl" genannt und von den Indianern schon seit Jahrhunderten angebaut, genossen und als Zahlungsmittel verwendet.
Im 18. Jahrhundert pflegten die vornehmen Spanier regelrechte Kakaogesellschaften zu veranstalten. Ein Zeitgenosse berichtet: „Eine jede Tasse von Porzellan stand auf einer Untertasse von Achat mit Gold eingefasst. Es waren da Schokolade mit Eis, warme Schokolade und solche mit Eiern und Milch. Es gibt Frauenzimmer, die sechs Tassen nacheinander trinken können."

Der

Codex Hammurapi

ist die umfassendste Sammlung babylonischen Rechts.

Welchem Getränk widmet er sich besonders ausführlich?

Dem Bier. Zahlreiche Paragraphen der Gesetzessammlung beschäftigen sich mit seiner Herstellung. Bierpreis und -zuteilung waren staatlich geregelt. So standen den Hofdamen von König Hammurapi (*1728, †1686 v. Chr.) täglich drei Liter zu.
Das Anrecht auf das Höchstmaß hatten die babylonischen Provinzverwalter und die Hohepriester: fünf Liter pro Tag.
Das Original des Codex Hammurapi wurde 1902 bei Susa gefunden. Es ist eine 2,25 m hohe Stele mit einem Relief des Königs vor dem Sonnengott Schamasch am oberen Ende. Zu besichtigen ist sie im Louvre in Paris.

Die katholische Kirche hielt ein Essbesteck jahrhundertelang für gottlos.

Welches war es?

Die Gabel. Wahrscheinlich wurde sie im 11. Jahrhundert in Italien erfunden und vornehmlich in Adelskreisen verwendet. Die Kirche verbot aber zu jener Zeit ihren Gebrauch mit der Begründung, gottgegebene Nahrung dürfe nur mit den von Gott geschaffenen Fingern berührt werden: Die Gabel galt als Attribut des Teufels und der Hexen.

So dauerte es bis zum 16. Jahrhundert, bis ihr Gebrauch sich im europäischen Bürgertum durchsetzen konnte.

Die tägliche Essensration der Deutschen beträgt heute im Durchschnitt 2000 Kalorien.

Und die der mittelalterlichen Mönche?

Laut einer Untersuchung der Universität Cambridge nahmen Mönche täglich das Dreifache davon und mehr zu sich. Anhand alter Speisezettel der Londoner Westminster-Abtei kalkulierten die Forscher, dass die Benediktinermönche täglich **7375 Kalorien** zu sich nahmen. Ein Großteil davon bestand aus Alkohol: Die Tagesration betrug viereinhalb Liter Bier. An 60 Feiertagen des Jahres kam noch einmal je ein Liter Wein hinzu. Man muss den Mönchen zugute halten, dass eine mollige Wampe in den ungeheizten Klöstern den einzig wirksamen Kälteschutz darstellte.

Egal, wie viele

Eissorten

ihre Eisdiele bereithält:

Eine davon wird aus

Orchideen hergestellt.

Welche wohl?

Das Vanilleeis. Die Gewürzvanille ist eine im tropischen Amerika beheimatete Orchideenart mit langen, elliptischen Blättern und gelblich weißen, duftenden Blüten. Die zu Beginn der Reife geernteten, ca. 30 cm langen Früchte der Sorten Bourbon- und Mexikovanille werden durch Trocknen und Fermentieren zu Vanillestangen geschrumpft.

Die vor allem auf Tahiti angepflanzte Pomponvanille liefert die sogenannten Vanillons, die in der Parfümherstellung eine wichtige Rolle spielen.

2. Kapitel

Historische Lappalien

Ein für die damalige Zeit ungewöhnliches Ereignis verzögerte die Fertigstellung des Totentempels von Ramses III.

Was war es?

Ein Streik! 1156 v. Chr. legten die Arbeiter in Medinet Habu die Arbeit nieder, weil sie zwei Monate lang nicht entlohnt worden waren. Es war der erste bekannte Streik der Geschichte. Ramses III. (*1184, † 1153 v. Chr.) ließ auf den Wänden seines Totentempels die Land- und Seeschlachten darstellen, in denen er die Libyer und die Seevölker besiegt hatte. Sein Tod war nicht so rühmlich: Er kam bei einer Haremsverschwörung ums Leben.

1834 brannte das britische Parlamentsgebäude ab.

Was löste den Brand aus?

Es war weder ein politischer Anschlag noch eine hitzige Debatte. Schuld an dem Brand hatte eine **Steuerreform.**

Bis dahin war es in England üblich gewesen, Steuerquittungen auf Kerbhölzern, sogenannten „exchequer tallies“, auszustellen. Als man dieses altertümliche Verfahren abschaffte, verbrannte man solch ungeheure Mengen dieser Kerbhölzer im Hof des Parlaments, dass dieses selbst in Flammen aufging.

1840–70 wurde dann das uns heute bekannte Parlamentsgebäude mit Big Ben im neogotischen Stil errichtet.

Die einfachste Art Millionär zu werden.

Wo und wann wurde das Lotto erfunden?

1476 in Genua. Dort wurden im jährlichen Turnus fünf neue Ratsmitglieder aus 90 Kandidaten ausgelost. Dieses Verfahren war allgemeiner Anlass für einen regen Wettbetrieb, bei dem u. a. auch die Banken kräftig verdienten.
Der Ratsherr Benedetto Gentile kam auf die Idee die Namen durch Zahlen zu ersetzen und ließ staatliche Ziehungen nach dem schon bewährten System 5 aus 90 durchführen, wodurch die Republik Genua ihre Einkünfte erheblich steigern konnte.
Das heute übliche System 6 aus 49 wurde 1952 in Berlin genehmigt und ab 1956 in der ganzen Bundesrepublik eingeführt.

Im 15. Jahrhundert

gerieten ein Hahn und eine Glocke in die Mühlen der Gerichtsbarkeit.

Was wohl hatten sich die beiden Angeklagten zuschulden kommen lassen?

Der **Hahn** wurde 1471 in Basel angeklagt, weil er angeblich – den Naturgesetzen zum Trotz – ein Ei gelegt hatte. Gemäß dem Gerichtsurteil wurde er als „verkleideter Teufel" auf dem Scheiterhaufen verbrannt.
Nur unwesentlich milder fiel das Urteil gegen die **Glocke** aus, die in Florenz den Bußprediger Savonarola (*1452, †1498) durch ihr Läuten vor seiner Gefangennahme warnte. Sie wurde 1498 vom Großen Rat der Stadt des Verrats schuldig gesprochen. Zur Strafe wurde sie vom Turm gerissen, durch die Straßen geschleift und vom Henker ausgepeitscht. Anschließend wurde sie für 11 Jahre aus der Stadt verbannt.

In welcher Stadt richtete der Tritt einer Kuh einen Schaden von geschätzten

500 Millionen Dollar

an?

In Chicago!

Am 8. Oktober 1871 trat dort eine Kuh eine Petroleumlampe um, die den Stall in Brand setzte. Zu jener Zeit bestand die Stadt noch weitgehend aus Holzhäusern. Und so breitete sich das Feuer angefacht durch starken Wind rasch aus. In den folgenden zwei Tagen wurden durch den Brand 20 000 Häuser vernichtet und 150 000 Menschen obdachlos.

Aber der Aufstieg der Stadt war nicht aufzuhalten und schon 1893 konnte hier eine Weltausstellung stattfinden.

Als Träger des vatikanischen „Ordens vom goldenen Sporn“ stand Konrad Adenauer in Portugal ein außergewöhnliches Privileg zu.

Worin bestand es?

Er hatte das Recht zu Pferde in eine Kirche hineinzureiten!
Dies leitet sich aus der Geschichte des Ordens her, der im 16. Jahrhundert entstand. Mit der Verleihung des Ordens wurde der Ausgezeichnete zum Ritter der goldenen Miliz des Apostolischen Stuhls. Der **„Orden vom goldenen Sporn“** hat eine Klasse und nur 100 Mitglieder.
Im September 1963 büßte Adenauer sein außerordentliches Privileg wieder ein, als ihm der Papst den ranghöheren „Christusorden“ verlieh.

Kein Verbrauch an Klingen,
Strom und Rasierwasser:
Es ist billiger, sich einen Bart
stehen zu lassen.

In welchem Land war
das früher anders?

In **Russland**.

In seinem Bemühen das Land zu modernisieren und überkommene Traditionen abzuschaffen erließ Zar Peter der Große (*1672, †1725) auch eine Bartverordnung. Altgläubige – sie hatten sich von der russisch-orthodoxen Staatskirche abgespalten –, die sich ihren langen Bart nicht schneiden ließen, hatten eine Bartsteuer von 50 Rubel zu entrichten. Das konnten sich z. B. Fischer aus dem Gebiet von Odessa nicht leisten und sie zogen des Bartes wegen mit Weib und Kind, Sack und Pack übers Schwarze Meer ins Donaudelta. Ihre bärtigen Nachfahren leben dort heute noch.

Die Zeit zwischen dem 4. und dem 15. Oktober 1582 war nicht gerade ereignisreich!

Was geschah denn?

Gar nichts!

Am 4. Oktober 1582 wurde die Zeitrechnung vom julianischen auf den gregorianischen Kalender umgestellt. Das bedeutete in der Praxis, dass auf den 4. Oktober unmittelbar der 15. des Monats folgte. Der von Caesar 46 v. Chr. eingeführte julianische Kalender übernahm aus dem ägyptischen Kalender die Schaltung eines Tages in den durch vier teilbaren Jahren, sodass das Jahr im Durchschnitt 365,25 Tage lang wurde. Da aber das julianische Jahr 0,0078 Tage länger als das tropische Jahr ist (das ist die Zeit zwischen zwei Durchgängen der Sonne durch den mittleren Frühlingspunkt), war im 16. Jahrhundert der Unterschied zum Frühlingsanfang auf 10 Tage angewachsen. Dies glich die gregorianische Kalenderreform aus.

Die Familie Bonaparte hatte auch eine amerikanische Linie.

Wann erlosch sie?

Der letzte Spross der amerikanischen Bonapartes war der 1878 geborene **Jerome Napoleon Bonaparte**. Sein Vater, Charles Joseph Bonaparte (*1851, † 1921), war Marine- und Justizminister der Vereinigten Staaten und gründete 1908 das Bureau of Investigation, das spätere FBI. Charles Joseph war ein Enkel des jüngsten Bruders Napoleons I., Jérôme, der 1807–13 König von Westfalen war.
Jerome Napoleon Bonaparte starb 1945 an den Folgen der Verletzungen, die er erlitten hatte, als er im New Yorker Central Park über die Leine des Hundes seiner Frau stolperte.

Welches Land heißt amtlich „Drachenreich“:

➡ *China*

➡ *Bhutan*

➡ *Nepal?*

Bhutan. Das Königreich im östlichen Himalaja trägt amtlich den tibetanischen Namen Druk Yul, Drachenreich. Es bekam ihn von seinen Gründern, tibetanischen Mönchen, die hier im 17. Jahrhundert eine theokratische Königsherrschaft errichteten.
Sie hielten das Grollen der schweren Berggewitter für Stimmen von Drachen. Das hatte für sie sicher nichts Bedrohliches, denn in Ostasien gelten die Drachen als Glück bringende und wohltätige Wesen, als Sinnbilder des männlichen Prinzips.

Schießen Sie nicht auf den Dirigenten!

Welches Bühnenwerk machte bei seiner französischen Erstaufführung außergewöhnliche Sicherheitsmaßnahmen notwendig?

Richard Wagners „Lohengrin".
Der Dirigent und Leiter eines eigenen Orchesters Charles Lamoureux (*1834, †1899) setzte sich als einer der ersten französischen Musiker für das Werk Wagners ein und veranstaltete selbst eine französische Erstaufführung der Oper. Angesichts des äußerst konservativen und leidenschaftlichen Pariser Publikums entschied sich Lamoureux während der Vorstellung eine Pistole zu tragen. Er musste zwar keinen Gebrauch von ihr machen, aber es blieb für das nächste Jahrzehnt bei dieser einen Aufführung einer Wagneroper in Frankreich.

Kaum gab es das Rauchen, da gab es schon die erste Nichtraucherkampagne.

Wer startete sie?

Der englische König **Jakob I.** (*1566, †1625).
In seiner Schrift „Misokapnos“ – zu deutsch „Rauchfeind“ – prangerte er das Tabakrauchen als wahres Teufelswerk an. Der Seefahrer Sir Walter Raleigh (*1552, †1618), Freibeuter Königin Elisabeths I., hatte 1586 das Rauchen in England bekannt gemacht.
1618 ließ Jakob I. Raleigh hinrichten – allerdings aus politischen Gründen.
Obwohl viele Ärzte den Tabak als Heilmittel gegen Pest, Zahnschmerzen, Gicht, Kolik und Tetanus empfahlen, wurde er in vielen Ländern verboten, im Osmanischen Reich sogar unter Androhung der Todesstrafe. In Deutschland war das Rauchen auf der Straße bis 1848 untersagt.
Wird es bald nur noch dort möglich sein?

Der

Nord-Ostsee-Kanal

erhielt bei seiner Eröffnung

zunächst einen anderen Namen.

Welchen?

Er hieß **Kaiser-Wilhelm-Kanal**.
Wilhelm II. hatte zur feierlichen Inbetriebnahme des Wasserweges 1895 auch zahlreiche ausländische Ehrengäste eingeladen. Zur Begrüßung der türkischen Staatsgäste erklang zur allgemeinen Verblüffung „Guter Mond, du gehst so stille".
Die Marinekapelle verfügte nicht über die Noten der türkischen Nationalhymne, woraufhin der Kapellmeister – in feinsinniger Anspielung auf den Halbmond der türkischen Flagge – das schöne deutsche Lied intonieren ließ.
An den Endpunkten des Nord-Ostsee-Kanals in Brunsbüttel und Kiel-Holtenau sind immer noch die alten Schleusen von 1895 in Betrieb.

Hofnarr und Professor –
zwei Ämter, die sich
auszuschließen scheinen!

Wer war dennoch
beides zugleich?

Jacob Paul Freiherr von Grundling.
Friedrich Wilhelm I. von Preußen (*1688, †1740), der „Soldatenkönig“, verlieh seinem Hofnarren, der jeden Abend betrunken gemacht wurde und in einem Weinfass zu nächtigen hatte, Ämter und Titel zuhauf. So wurde er auch zum Präsidenten der Akademie der Wissenschaft und Künste ernannt.
Alles dies tat der König vor allem, um die von ihm verachteten Gelehrten zu düpieren. Dementsprechend war z. B. auch sein Zuschuss für die Berliner Bibliothek eher bescheiden: Er betrug 1734 ganze 4 Taler.

Warum sind auf antiken griechischen Vasen die olympischen Läufer immer nackt dargestellt?

Bei den 15. Olympischen Spielen im Jahre 720 v. Chr. verlor der Läufer **Orsippos von Megaron** während eines Wettlaufs seinen Lendenschurz – und er gewann!
Da sein Sieg allgemein auf den Verlust seiner Kleidung zurückgeführt wurde, traten in der Folge alle nur noch nackt zu den Laufwettbewerben an.

Als Sankt Martin davonritt,

hatte er nur noch die Hälfte

seines Mantels bei sich.

Was wurde aus dem

halben Kleidungsstück?

Im Fränkischen Reich wurde der verbliebene halbe Mantel des heiligen **Martin von Tours** (*316/17, †397), der das umhangartige Kleidungsstück bekanntlich mit einem frierenden Bettler geteilt hatte, im Krieg als Sieg spendendes Reichskleinod, also als königlicher Talisman, mitgeführt. Ansonsten hing die „capa" in einem eigenen Verehrungs- und Aufbewahrungsraum im Königspalast in Paris, der „Kapelle" (= Mantelraum). In diesem Raum pflegten die fränkischen Könige wichtige Staatsakte durchzuführen und es gab auch einen Mantelwächter: den „Kaplan".

Trotz Scheck-, Kredit- und Telefonkarten – es gibt sie noch: die Münzautomaten.

Wann wurden die allerersten aufgestellt?

Man glaubt es kaum: **vor 1900 Jahren!** Gegen den Einwurf eines Fünfdrachmenstücks spendeten diese Automaten eine Portion Weihwasser. Erfunden hatte sie der griechische Mathematiker und Mechanikus Heron von Alexandria, der im 1. Jahrhundert n. Chr. lebte. Er unterstützte die Priesterschaft auch durch Erfindungen wie sich automatisch öffnende Tempeltüren und sich selbst entzündende Opferfeuer. Besonders bekannt ist der von ihm erfundene Heronsball, ein Prinzip, nach dem Spritzflaschen und Zerstäuber funktionieren.

Königin Elisabeth II. von England ist Ordenssouverän des Hosenbandordens.

Wo trägt sie ihn?

Wie alle weiblichen Ritter des Ordens am linken Oberarm. Die Herren tragen diesen höchsten britischen Orden an einem dunkelblauen, unter das linke Knie gebundenen Samtband zur Kniebundhose.

Gestiftet wurde der **Hosenbandorden** 1348 von König Edward III. (*1327, †1377). Auf einem Ball hatte seine Geliebte, Gräfin Salisbury, so heftig getanzt, dass sie dabei ihr linkes Strumpfband verlor. Als der König es aufhob, entgegnete er den bissigen Bemerkungen mit dem Satz: „Honi soit qui mal y pense" = „Schande über den, der Böses dabei denkt." Das wurde zur Ordensdevise.

In der Nacht auf den

29. März 1848

schreckten die Anwohner

der Niagarafälle aus dem Schlaf.

Was hatte sie geweckt?

Stille! Das Getöse der riesigen Wasserfälle war plötzlich nicht mehr zu hören. Im Schein der Laternen entdeckte man, dass das gesamte Flussbett ausgetrocknet war. Wie sich später herausstellte, hatte sich an der Mündung des Eriesees in den Niagarafluss durch Wind und Strömung ein gewaltiger Damm aus Eisschollen aufgetürmt, der das Abfließen des Wassers verhinderte.
Der Niagara, Grenzfluss zwischen Kanada und den USA, ist ein 55 km langer Abfluss des Eriesees zum Ontariosee. Die 49 m und 51 m hohen Wasserfälle liegen an einer Stelle, an der sich der Fluss durch eine Insel teilt und eine Schichtstufe aus Kalksteinen schneidet.

„Wenn die Gondeln Trauer tragen“, so heißt der Titel eines Films.

Warum sind eigentlich alle Gondeln schwarz?

Ursprünglich gab es die Gondeln, die wahrscheinlich im 11. Jahrhundert aufkamen, in allen möglichen Farben. Dann erließ Venedig im Jahre 1562 das **Aufwandgesetz**, demzufolge alle Gondeln in einheitlichem Schwarz zu streichen waren. Es war ein auch von der Kirche inspiriertes Gesetz, das der ungehemmten Lust an Prachtentfaltung Einhalt gebieten sollte.
Aber die Gondoliere haben bis heute auch andere Wege gefunden ihrer Lust an der schönen Dekoration zu frönen.

Eines der sieben Weltwunder der Antike war nur 50 Jahre lang zu bewundern.

Welches?

Der **Koloss von Rhodos**! Er stand um 300 v. Chr. an der Hafeneinfahrt der griechischen Insel Rhodos und wurde von dem Bildhauer Chares aus Lindos errichtet.
Die 32 m hohe Statue, die den Sonnengott darstellte, bestand aus Eisen und hielt knapp 50 Jahre später einem Erdbeben nicht stand. Rund 900 Jahre lang lagen ihre Bruchstücke herum, bis im Jahre 653 n. Chr. Araber die Insel eroberten. Die verkauften das Eisen einem Händler, der es auf 900 Kamelen abtransportieren ließ. Welch ein Schnäppchen für einen Schrotthändler ...

3. Kapitel

Kreuch & Fleuch

Rolle oder Looping:

Mit welcher Flugtechnik

landet eine Fliege

an der Zimmerdecke?

Weder eine Rolle noch ein Looping wäre die probate Methode. Denn würde die Fliege versuchen den Landeanflug in Rückenlage durchzuführen verlöre sie den Auftrieb und geriete ins Trudeln.
Ihre **Problemlösung** ist schlicht, aber genial: Sie fliegt so dicht wie möglich unter die Zimmerdecke und reckt ihre Vorderbeine, so hoch es geht (wie Superman seine Arme beim Start ...). Dann zieht die Fliege auf luftakrobatische Weise ihren Körper an und lässt ihn unter Ausnutzung des Schwungs an die Decke gleiten.

Nach großer Anstrengung kommt ein

HUND

mit hängender Zunge daher.

Warum tun wir

nichts

dergleichen?

Die menschlichen **Schweißdrüsen** sind über die ganze Haut verteilt und ermöglichen es, dem Körper große Wärmemengen zu entziehen. Ein Hund hat hingegen nur sehr wenige Schweißdrüsen und muss die Flüssigkeit auf anderem Wege verdampfen. Er tut dies über die Zunge. Beim Hecheln schwitzt er also einfach über die Zunge aus.

Warum fallen schlafende Hühner nicht von der Stange?

Weil sie mit einer Art **Klammersicherung** versehen sind. Wenn sich das Huhn auf die Stange setzt, wird seine Ferse abgewinkelt. Dabei spannt sich eine Sehne am hinteren Hühnerbein, welche die Zehen zusammenzieht. Das Körpergewicht sichert die Halterung. Dank der gleichen Vorrichtung fallen auch Vögel des Nachts nicht vom Baum!

In welcher Richtung fliegen

ZUGVÖGEL

schneller:

➡ nach Süden

➡ nach Norden?

Nach Norden. Einige Singvögel benötigen für ihren Flug von Zentral- oder Südafrika zu ihren Nistplätzen in Europa nur halb so viel Zeit wie für den Flug ins Winterquartier. Der amerikanische Kappenwaldsänger wird bei seiner Nordreise immer schneller. Normalerweise legt er 50 km pro Tag zurück. Die letzten 300 km schafft er an einem einzigen Tag. Wie die Zielorientierung, also die „Karte" der Vögel, funktioniert, ist noch immer unbekannt.

Alles nur geklaut!

Welches Tier kann sich mit **Düsenantrieb** fortbewegen?

Der Oktopus. Der achtarmige Kopffüßer nimmt zur Atmung Wasser durch Schlitze in der Körperwand auf. Nachdem es über die Kiemen geflossen ist, gelangt das Wasser in eine Röhre, den so genannten Sipho. Wenn es kräftig aus dem Sipho herausgepresst wird, schießt das Tier in jede gewünschte Richtung davon, denn der Sipho kann frei gedreht werden.
Normalerweise läuft der Oktopus auf seinen Armen und setzt diesen Mechanismus nur in Gang, wenn er flüchten muss oder schwimmend eine schnelle Beute verfolgen will.

Die russische Hündin Laika war der erste Raumfahrtpionier.

Welche Tiere leisteten
Ähnliches
für die Luftfahrt?

Ein Hammel, eine Ente und ein Hahn.
Die Brüder Montgolfier schickten sie beim zweiten Aufstieg eines Heißluftballons am 19. September 1783 in die Luft. Nach acht Minuten landete der Ballon und die Tiere waren bis auf den Hahn unversehrt. Der lag benommen am Boden, weil ihm der aufgeregte Hammel bei der Landung einen Tritt versetzt hatte.
Nach diesem Experiment konnte am 21. November des Jahres der erste von Personen ausgeführte freie Flug einer Montgolfiere unter der Führung des Ballonpiloten Jean-François Pilâtre de Rozier (*1754, † 1785) stattfinden.

Viele Zugvögel fliegen in V-Formation. Warum?

Langstreckenflieger wie Wildenten und -gänse fliegen in V-Formation, weil jeder Vogel durch die von seinem Vordermann erzeugte **Luftströmung** Kraft spart. Die Ausdauer der Gruppe erhöht sich dadurch um über 70 %.
Während der langen Flüge wird der Vogel an der Spitze, der ja von der Luftströmung nicht profitieren kann, regelmäßig abgelöst: Jeder führt eine Weile. Ein wirklich schönes Modell für das Zusammenwirken einer Gemeinschaft!

Das auffällige Streifenmuster der Zebras dient als Tarnung!

Wie ist das möglich?

Zebras leben in Herden, und wenn sie dicht beisammenstehen oder laufen, ist es infolge der optisch verwirrenden Schraffierung schwer, die Umrisse eines einzelnen Tieres auszumachen. So können Raubtiere in der Herde kein bestimmtes Einzelopfer anvisieren. Vor ihren Augen irisiert eine Unzahl schwarzweißer Streifen.
Fast ein psychedelischer Effekt!

Was fressen eigentlich Eintagsfliegen?

Gar nichts. Die Fressorgane der Eintagsfliege sind zurückgebildet. Ihr Darmtrakt ist nicht funktionsfähig.
Während ihres kurzen Lebens von wenigen Tagen oder auch nur Stunden zehrt die Fliege also von dem, was sie sich in ihrem mehrjährigen Larvenstadium angefressen hat.

Sind Schlangen auch mit Heavymetalmusik zu beschwören?

Warum nicht? Schlangen sind sowieso taub!
Der **Schlangenbeschwörer** bringt die Schlange nicht mit seiner Musik, sondern mit seinen Körperbewegungen und den Bewegungen seiner Flöte zum „Tanzen“. Dabei handelt es sich eigentlich um ständige Angriffs- und Abwehrhaltungen der Schlange, die durch das dauernde Reizen in einen tranceartigen Ermüdungszustand gerät.
Schlangenbeschwörer arbeiten meist mit Kobras, denen oft, aber nicht immer, die Giftzähne herausgebrochen wurden.

Wie viele Füße haben

Tausendfüßler

denn nun wirklich?

Kommt darauf an!
Die vor allem in feuchten Biotopen lebenden **Gliedertiere** sind heute mit über 10 000 Arten über die ganze Welt verbreitet. Da gibt es Arten, die bringen es gerade auf neun Beinpaare. Die größten Arten werden bis zu 30 cm lang und haben dann zwar nicht 1000, aber immerhin 680 Beinchen.
Das reicht aus um ins Stolpern zu geraten!

Vom Faultier lernen:

Wie überlebt es
im Urwald?

Durch **Unauffälligkeit**. In seinem Fell leben Algen, die ihm eine blaugrünliche Farbe verleihen und eine hervorragende Tarnung bieten. Mit dem Rücken nach unten hängen die Faultiere an den langen Klauen der Arme und Beine und verbringen fast ihr ganzes Leben in dieser Haltung. Damit das Regenwasser gut abfließen kann, befindet sich der Scheitel ihres Fells an der Bauchseite.
Obwohl sie von vielen potenziellen Feinden umgeben sind, gedeihen sie dank ihrer Unauffälligkeit prächtig, solange der Mensch ihren Lebensraum nicht zerstört.

Um es einem

FLOH

gleichzutun

müsste ein Mensch

hoch springen!

Wie hoch?

Etwa **250 m** hoch!
Jedoch: Eigentlich springt ein Floh gar nicht, sondern wird von zwei elastischen Polstern hochkatapultiert, die er vorher zusammengepresst hat. Beim Start beschleunigt er 50mal schneller als ein Raumtransporter der NASA und wird 150mal höher als seine Körperlänge geschleudert.

Vogel-Strauß-Politik!

Stecken Strauße

eigentlich wirklich ihren

Kopf in den Sand?

Es ist ein **hartnäckiges Märchen**, dass Strauße bei drohender Gefahr ihren Kopf in den Sand stecken! In jahrzehntelanger Beobachtung ist noch nicht ein Fall bezeugt, in dem die flugunfähigen Laufvögel dergleichen getan hätten. Zu dem Missverständnis könnte beigetragen haben, daß Strauße ihren Kopf öfters zu Boden schwingen um Geräusche besser identifizieren zu können oder auch nur um ihre Nackenmuskeln zu entspannen.

Welcher

VOGEL

hat die meisten Federn:

- ➡ ein Schwan
- ➡ eine Möwe
- ➡ eine Ente?

Ein Schwan. Möwen haben etwa 6 000, Enten ca. 12 000 und ein Schwan hat rund 25 000 Federn. Jede Feder besteht aus einem Schaft und der um ihn herum ausgebildeten Federfahne.
Diese Fahne setzt sich zusammen aus vielen Strahlen, die wiederum an beiden Seiten Nebenstrahlen tragen. Die zur Spitze der Feder gerichteten Nebenstrahlen sind mit kleinen Häkchen versehen. Diese „Radioli" sichern, dass die Federfahne nicht reißt, sondern sich gleich einem Reißverschluss öffnen und wieder schließen kann.

Im 18. Jahrhundert erhob ein württembergischer Herzog eine Spatzensteuer.

Was hatte er im Sinn?

Die Steuer diente der Finanzierung der Bauarbeiten zur Errichtung der Stadt und des Schlosses **Ludwigsburg**. Herzog Eberhard Ludwig von Württemberg (*1676, †1733) erschöpfte durch seine Leidenschaft für das Militärwesen und für Prachtbauten die finanziellen Mittel des Landes. Besonders die Anlage von Schloss Ludwigsburg – dem zweitgrößten Barockschloss Deutschlands – verschlang Unsummen. Zur Eintreibung der nötigen Mittel ließ sich der Herzog u. a. die Spatzensteuer einfallen. Jeder Untertan hatte jährlich zwei Dutzend tote Spatzen abzuliefern, und wer dazu nicht willens oder in der Lage war, musste Strafe zahlen!

Liegt die hervorragende Anpassung der Kamele an Wassermangel und große Hitze:

- ▸ *an der Wasserspeicher-fähigkeit*
- ▸ *an der Nase*
- ▸ *am Blutgefäßsystem?*

Es liegt an all dem und noch einigen wundersamen Körperbeschaffenheiten mehr. **Das Kamel** ist v. a. deshalb so wüstentauglich, weil es sehr wenig Wasser verbraucht.
So ist seine Nase mit einem flüssigkeitsabsorbierenden Gewebe ausgestattet, das zwei Drittel der ausgeatmeten Feuchtigkeit wieder aufnimmt. Zudem kann es 30 % seines Körpergewichts gefahrlos an Wasser verlieren – der Mensch nur 12 %. Zu schwitzen beginnt das Kamel erst bei einer Körpertemperatur von 40 °C. Außerdem können Kamele enorme Mengen an Wasser saufen: innerhalb von 10 Minuten bis zu 100 Liter.

Welchem Lebewesen gelingt es, nur ein bisschen schwanger zu sein?

Dem weiblichen **Gürteltier**.
Nach der Paarung kann es die Entwicklung des Embryos bis zu drei Jahre lang hinausschieben. Dadurch wird gewährleistet, dass die Jungen nicht zu Zeiten von Dürre und Nahrungsmangel geboren werden.

Welcher

VOGEL

kann rückwärts fliegen?

Der **Kolibri**. Seine Flugtechnik unterscheidet sich von der aller anderen Vögel. Die Fähigkeit auch rückwärts fliegen zu können bringt er durch seinen Schwirrflug zustande, bei dem er bis zu 80-mal in der Sekunde mit den Flügeln schlägt. Um diese Energieleistung vollbringen zu können hat er ein Herz, das rund 1000 -mal in der Minute schlägt.
In Amerika gibt es 327 verschiedene Arten von Kolibris. Die Vielfalt der blütenbesuchenden Schwirrflieger reicht vom Riesenkolibri, der fast so groß wie ein Mauersegler ist, bis zur Bienenelfe, dem kleinsten Vogel überhaupt. Er wiegt ganze zwei Gramm, so viel wie ein Bogen Durchschlagpapier.

Welches Elfenbein darf trotz Einfuhrverbots eingeführt und verarbeitet werden?

Die **Stoßzähne des Mammuts**. Diese Elefantengattung ist vor rund 10 000 Jahren gegen Ende der letzten Eiszeit ausgestorben. Im Dauerfrostboden Sibiriens sind schon Zehntausende von Exemplaren gefunden worden.
Seitdem zum Schutz der Elefanten die Einfuhr ihres Elfenbeins nahezu weltweit verboten wurde, hat die Suche nach Mammuts stark zugenommen. Die Suche ist sehr schwierig und gefahrvoll, da sie nur im Sommer möglich ist, wenn sich weite Gebiete Sibiriens in Sümpfe verwandeln. Aber die Mühe lohnt sich: Die nach oben gebogenen oder eingerollten Stoßzähne der Mammuts sind bis zu fünf Meter lang.

4. Kapitel

Rätselhafte Bagatellen

Welches Wäschestück

erhielt seine heute noch übliche Form durch einen

königlichen Erlass:

- *das Bettlaken*
- *die Socke*
- *das Taschentuch?*

Das **Taschentuch**. Am 2. Juni 1785 erließ der französische König Ludwig XVI. (*1754, †1793) das Dekret, dass innerhalb der Grenzen seines Reiches die Länge eines Taschentuchs gleich seiner Breite zu sein habe. Bewirkt hatte diesen Erlass seine königliche Gemahlin Marie Antoinette (*1755, †1793), die an dem ausufernden Chaos von dreieckigen, runden, trapezförmigen und anderen vier- und mehreckigen Taschentüchern Anstoß genommen hatte.
Bis zum 19. Jahrhundert waren Taschentücher verbreitete Brautgeschenke und gehörten neben Handschuhen zu den führenden modischen Accessoires. Dann erst begann sich der Gebrauch als Schnupf- und Sacktuch durchzusetzen.

Draufhauen und weiterschlafen:

Wie könnte ein wirksamer Wecker für Langschläfer aussehen?

Die japanische Firma Tomy hat einen Wecker patentieren lassen, der an Raffinement nichts zu wünschen übrig lässt. Sein Klingeln setzt einen **Mikroprozessor** in Gang, der fünf Stöpsel in zufälliger Folge herausgucken und wieder verschwinden lässt. Um den Alarm auszuschalten muss man mit einem Hämmerchen mindestens drei Stöpsel treffen, bevor sie wieder abgetaucht sind. Das voraussichtliche Ergebnis: Sie sind blitzwach, haben den ersten Wutanfall hinter sich und legen vermutlich für den nächsten Morgen einen Vorschlaghammer bereit.

Leise rieselt der Schnee ...

Warum wird es im Freien immer leiser, während es schneit?

Es liegt nicht daran, dass weniger Autos unterwegs sind.
Frisch gefallener Schnee bildet viele kleine **Zwischenräume,** in denen sich der Schall verliert, anstatt wie sonst reflektiert zu werden.

Warum gibt es in England Linksverkehr?

Im Mittelalter hielten sich die **Reiter** im Allgemeinen an die linke Straßenseite um einem eventuell entgegenkommenden Angreifer gegenüber gewappnet zu sein, denn so konnten sie mit der rechten Hand ein Schwert, eine Lanze oder – in späteren Zeiten – eine Pistole führen.
Das gewährleistete über Jahrhunderte hinweg einigermaßen die Verkehrssicherheit und die Engländer sehen bis heute keinen Anlass daran etwas zu ändern.

Wer bekam die ersten Brillen verpasst,

➡ *die Kurzsichtigen*

oder

➡ *die Weitsichtigen?*

Weitsichtige! Die ersten Linsen, die Weitsichtigkeit korrigierten, wurden im 13. Jahrhundert geschliffen. Sie waren konvex.
Die Kurzsichtigen mussten noch 200 Jahre warten. Konkave Linsen wurden erst im 15. Jahrhundert konstruiert. Im Altertum behalfen sich die Wohlhabenden mit Sehfehler noch anders.
Sie benutzten, wie Kaiser Nero (*37, † 68 n. Chr.), geschliffene Edelsteine, z. B. Smaragde.

In jeder Ausgabe des

„Who is Who“

stehen einige

erfundene Biographien.

Wozu ist das gut?

Diese Maßnahme soll verhindern, dass Unternehmen aus dem Lexikon namhafter Personen Adressenlisten für **Werbe- oder Postwurfsendungen** erstellen. Die erfundenen Biographien sind mit Namen und Adressen von „Who-is-Who"-Mitarbeitern versehen. Wenn diese dann unerwünschte Post erhalten, treten sogleich Anwälte auf den Plan.

Warum werden unsere Haare im Alter grau?

Mit zunehmendem Alter des Menschen produzieren die Zellen an den Haarwurzeln immer weniger **Melanine**, das sind die gelblichen bis braunen oder schwarzen Pigmente. Statt der Melanine werden winzig kleine Luftblasen im Haar eingelagert. Sie reflektieren das Licht und lassen das Haar weiß, grau oder silbern aussehen.

Bei

Aluminiumfolien

ist eine Seite matter als die andere.

Warum ist das so?

Beim letzten Produktionsgang laufen bei der Herstellung von **Aluminiumfolie** zwei Lagen durch die Walzen. Die Seite, die mit den hochglanzpolierten Stahlrollen in Berührung kommt, wird glänzend, die andere bleibt etwas matter. Auf die Frischhaltewirkung hat das keinen Einfluss.

Kaum einmal hört man von

singenden Frauen in der Badewanne.

Woran liegt das?

Die Badezimmerkacheln reflektieren Bass- und Baritontöne besser als die Frequenzen von Frauenstimmlagen. Bestimmend ist hier die **Nachhallzeit,** d. h. das Zeitintervall, in dessen Verlauf die Schallenergiedichte im Raum auf den zehnmillionsten Teil abnimmt. Ist die Nachhallzeit kurz, wie in diesem Fall bei höheren Stimmfrequenzen, so wirkt eine Schalldarbietung leer und flach. Kurz gesagt: Männerstimmen klingen in gekachelten Räumen einfach besser.

Warum zittern wir, wenn wir frieren?

Wenn die **Temperatur des Körpers** zu sehr absinkt, sucht er sie durch Zittern wieder zu erhöhen. Dabei ziehen sich die Muskeln in rascher Folge zusammen. Die Kontraktionen erzeugen Bewegung und so Wärme.

Seit wann tragen eigentlich verheiratete Paare

Eheringe?

Der Brauch geht auf eine römische Sitte zurück. Im **antiken Rom** trugen nur die Frauen einen Ehe- oder Verlobungsring. Sie steckten ihn auf den Mittelfinger, da man allgemein glaubte, dass von diesem Finger ein Nerv direkt zum Herzen führe. Der meist eiserne Verlobungsring galt als Zeichen der Bindung, aber auch als Empfangsbestätigung für die Mitgift.
Seit dem 2. Jahrhundert v. Chr. gab es auch goldene Ringe in Form zweier ineinander verschränkter Hände. Erst unter frühchristlichem Einfluss wurde der Ring zum Symbol von Treue und Unauflöslichkeit der Ehe.

Warum ist gerade am zweiten Sonntag im Mai Muttertag?

Weil 1907 der zweite Todestag der Mutter von Ann Jarvis auf diesen Sonntag fiel.

Ann Jarvis (*1864, †1948) war eine amerikanische Methodistenpredigerstochter und propagierte diesen Tag als Ehrentag aller Mütter. 1914 wurde er vom amerikanischen Kongress in einer eigenen „Mother's Day Bill" zum Staatsfeiertag erklärt.

In Deutschland wurde der Muttertag erstmals 1923 gefeiert. Statt der Methodisten fand sich bei uns ein anderer Promoter: der „Verband Deutscher Blumengeschäftsinhaber".

Ein Genuss,

den nur die anderen haben …

Warum nimmt man den eigenen Körpergeruch nicht wahr?

Der **Geruchssinn** ist beim Menschen, etwa im Vergleich zu Raub- und Nagetieren, relativ unterentwickelt. Um sich vor Überladung mit Informationen zu schützen ignoriert das Nervensystem den Geruch des eigenen Körpers, solange er sich nicht dramatisch verändert:
z. B. durch heftiges Sporttreiben oder andauernde Wasserscheu.
Übrigens befinden wir uns mit unserem schwachen Geruchssinn in der tröstlichen Gesellschaft von Affen, Fledermäusen, Schlangen und Krokodilen.

In Zeiten international angeglichener Standards sind englische und deutsche Schreibmaschinen- und Computertastaturen immer noch unterschiedlich.

Warum?

Die Buchstaben, die in einer Sprache am häufigsten nebeneinander vorkommen, wurden auf der Tastatur bewusst weit voneinander plaziert. Bei alten Schreibmaschinen schrieb man nämlich sonst zu schnell, was zum ständigen **Verhaken der Hebel** geführt hätte.

Auch im Computerzeitalter hat man die – nach den ersten sechs Buchstaben der obersten Zeile benannten – QWERTZ- und QWERTY-Tastaturen beibehalten.

Anderenfalls hätten alle fleißigen Tipper noch einmal einen Schreibmaschinenkursus besuchen müssen.

Mit den Ohren wackeln

zu können ist eine seltene und

in der Jugendzeit sehr bewunderte Fähigkeit.

Wo sitzen die dafür

notwendigen Muskeln?

Sie befinden sich im **Nackenbereich.**
Allerdings sind sie bei 99,7 % der Erdbevölkerung außer Gebrauch.
In einer früheren Entwicklungsstufe konnten wir unsere Ohren alle bewegen; wie die anderen Säugetiere auch, mit Ausnahme der Maulwürfe und der Wale, die keine Ohrmuscheln besitzen.

205 km/h, 208 km/h: Boris Becker schlägt auf!

Aber: Bei welcher Sportart fliegt der Ball noch viel schneller?

Beim in lateinamerikanischen Ländern gespielten **Jai Alai**. Bei dem aus dem baskischen Pelota entwickelten Spiel wird ein kautschukumwickelter Ball mit einem oval geschwungenen Schläger aus Korbgeflecht gespielt, der in der Mitte des Bogens muldenförmig und am Vorderende flach ist. Diese „Chistera“ wird zur Erhöhung der Schlag- bzw. Schleuderkraft am Unterarm festgebunden.
Beim Jai Alai wird der Ball gegen eine Wand gespielt und mit Geschwindigkeiten von über 300 km/h geschlagen. Kopfschutz ist obligatorisch!

Wie viel öfter kann

man ein DIN-A3-Blatt

auf die Hälfte falten

als ein DIN-A4-Blatt?

Nicht einmal öfter!

Kein Blatt Papier – und sei es noch so groß und dünn – kann mehr als siebenmal auf die Hälfte gefaltet werden.
Probieren Sies aus!

„Plastikgeld“

tritt immer mehr an
die Stelle des Bargelds.

Wer gab die erste
Kreditkarte aus?

Die Kreditkarten, bei denen der Kredit erstmals durch einen Vermittler zwischen Verkäufer und Kunde angeboten wurde, gab der Diners-Club-Gründer Frank McNamara 1950 an 200 seiner Freunde aus.
Ein Jahr später hatte der **Diners Club** bereits über 40 000 Mitglieder, die für eine Jahresgebühr von fünf Dollar in 350 Geschäften und Restaurants insgesamt über eine Million Dollar per Karte ausgaben.

5. Kapitel

Bunte Wissenschaft

Wann wirft ein grünes

Marsmännchen einen

blauen Schatten?

Wenn es mit violettem Licht angestrahlt wird. Das hat mit seiner grünen Hautfarbe allerdings nicht das Geringste zu tun: Die Farbe im Randbereich eines Schattens hängt ausschließlich von der **Farbe des Lichts** ab, das auf ein Objekt trifft. So erzeugt ein weißes Lichtbündel einen schwarzen, ein grünes einen karmesinroten und ein rotes einen hellblauen Schatten.
Dieses Phänomen beruht auf der Wellennatur des Lichts, dessen Strahlung durch Hindernisse auf seinem Weg gebeugt wird. Die Wellen der Lichtstrahlen werden also an den Kanten der Hindernisse umgebogen und ein Teil der Wellen gelangt auch in den Schattenbereich.

Warum wiegt man

am Äquator

etwa ein Prozent weniger

als an den Polen?

Am **Äquator** ist die Zentrifugalkraft durch die Erddrehung am stärksten und die Schwerkraft durch den größeren Abstand zum Erdmittelpunkt am geringsten, wodurch man quasi nach außen „geschleudert" wird.
An den Polen sind die Fliehkräfte nahe Null und die Schwerkraft am größten.
So könnte also ein Mensch mit einem Gewicht von 100 Kilogramm, der vom Nordpol an den Äquator fliegt, sich dort zwei Pfündchen leichter fühlen.

Beim Anschluss Englands an das europäische Telegrafennetz kam es zu einer ungeplanten Verzögerung.

Wodurch?

Nach der Entdeckung von Guttapercha als Isoliermaterial für elektrische Leiter konnte man England an das europäische Telegrafennetz anschließen.
Allerdings misslang der erste Versuch, da ein **Fischer aus Boulogne** das schon fertig verlegte Kabel herausriss. Er war der Meinung gewesen, einen besonders prächtigen Grundaal gefangen zu haben.

Über welchen Zeitraum erstreckt

sich das System

einer Witterungsperiode im

hundertjährigen Kalender:

- *über 7 Jahre*
- *über 88 Jahre*
- *über 100 Jahre?*

Nur über 7 Jahre. Von 1652–58 notierte der Abt Mauritius Knauer (*1613, †1664) im Kloster Langheim bei Bamberg täglich astronomische und meteorologische Daten. Diese Beobachtungen fasste er in einer Witterungsperiode zusammen, die sich im 7-Jahres-Zyklus wiederholt. In dieses System arbeitete er alte Bauernregeln ein und stellte es auf eine astrologische Grundlage.
Gedruckt wurde Knauers Arbeit erst im Jahr 1700 in Erfurt. Dabei wurde sie auf den Zeitraum 1701–1800 ausgedehnt. Alle Ausgaben seither beruhen auf diesem hundertjährigen Kalender, der jedoch heute für die Wettervorhersage als völlig wertlos gilt.

Wann trat die erste deutsche Fernsehansagerin vor die Kamera:

➡ 1935

➡ 1948

➡ 1952?

Im Jahre 1935. Seit April des Jahres konnte in 15 „öffentlichen Fernsehstellen“ in Berlin und Potsdam das Programm des Fernsehsenders „Paul Nipkow“ betrachtet werden. Erste Fernsehansagerin war Fräulein Ursula Patzschke, die in seltsamer Maske im Studio saß. Da die Photozellen der Kameras bei der Farbe Rot streikten, waren ihre Lippen pechschwarz geschminkt. Die Augenlider waren grün angestrichen und das Haar war mit Goldstaub gepudert.
Erst 50 Jahre später konnte man sich derart geschminkt auch außerhalb eines Fernsehstudios ungezwungen bewegen.

Lassen wir einmal die

ERDE

auf die Größe
einer Billardkugel
schrumpfen!

Wie würde sie
sich dann wohl
anfühlen?

Nachdem wir sie auf Billardkugelgröße hätten schrumpfen lassen und sie auch noch sorgfältig abgetrocknet hätten, könnten wir mit den Fingerspitzen weder Himalaja noch Marianengraben ertasten. Die **Erde** ist im Verhältnis zu ihren Gebirgszügen und Meerestiefen so groß, dass sie sich noch glatter als eine elfenbeinerne Billardkugel anfühlen würde!

Sommerzeit,

Sternschnuppenzeit!

Wodurch entstehen
die Sternschnuppen?

Sternschnuppen haben mit Sternen eigentlich nichts zu tun. Bei ihnen handelt es sich um durchs All reisende Staubteilchen, die beim Eintritt in unsere Atmosphäre verglühen.
Besonders gute Sternschnuppenbringer sind die Kometen, denen ganze Staubwolken folgen.
Passiert ein Komet die Erde in nicht allzu weiter Entfernung, dann gehen die Meteoriten – so werden die Staubteilchen auch genannt – in wahren Schauern nieder.
In diesen Fällen hat man am besten einen Wunschzettel parat!

Man nehme:

einen alten Staubsaugermotor,
zwei alte Konservendosen
und eine Küchenwaage.

Was wurde damit
erfunden?

Das Luftkissenfahrzeug. Der englische Ingenieur Christopher Cockwell (*1910) steckte bei seinen ersten Versuchen eine Dose in die andere und blies Luft in den Zwischenraum. Die dabei auftretenden Kräfte maß er mit einer Küchenwaage.
1958 baute er dann das erste Luftkissenfahrzeug, das Hovercraft SNR 1. In einem solchen Fahrzeug wird ein Luftstau erzeugt, in dem der Luftdruck ca. dreimal so hoch ist wie im Freien. Auf diesem Kissen schwebt es dann.
Die „Hovercrafts" auf dem Ärmelkanal pendeln mit Geschwindigkeiten bis zu 130 km/h zwischen England und Frankreich.

Welches ist die

härteste Substanz

im menschlichen Körper?

Der **Zahnschmelz**, auch Email, Enamelum, Adamantin und Substantia adamantinum genannt.
Die dünne und glänzende Schicht wird von speziellen Zellen, den Adamantoblasten, gebildet und überzieht die Zahnkronen.
Der Schmelz besteht aus faserartigen Prismen des sehr seltenen Minerals Hydroxylapatit. Zahnschmelz haben – außer dem Menschen – Kriechtiere, Vögel und Säugetiere sowie bestimmte Amphibien.
Zahnschmelz kann beim Beißen auf harte Gegenstände zerspringen. Prüfen Sie also mit dieser Methode nicht allzu viele Goldmünzen auf ihre Echtheit, denn Zahnschmelz kann nicht regeneriert werden.

Der Traum jedes Schülers:

Nobelpreisträger ohne Abitur!

Welcher deutsche

Physiker schaffte es?

Wilhelm Conrad Röntgen (*1845, †1923). Kurz vor der Reifeprüfung flog er wegen einer an die Tafel gemalten Lehrerkarikatur von der Schule. Es wurde erwirkt, dass er vor einer Kommission ein Privatabitur ablegen durfte. Statt des erkrankten Prüfungsvorsitzenden erschien ...: der karikierte Lehrer!
Und der ließ ihn durchfallen.
Zu Röntgens Glück nahm das Zürcher Polytechnikum auch Studenten mit entsprechendem Vorwissen ohne Abitur auf. 1895 entdeckte er die nach ihm benannten Strahlen, 1901 erhielt er als Erster den Nobelpreis für Physik. Examensalpträume hatte er bis zum Lebensende.

Wer erfand den

BETON:

- die Römer
- die Franzosen
- die Chinesen?

Die Römer. Das früheste Beispiel für die Mischung von Zement, Wasser und Zuschlagstoffen (z. B. kleine Steine) ist das Fundament des 121 v. Chr. in Rom erbauten zweiten Concordiatempels.
Eines der schönsten Beispiele römischer Betonierkunst ist die Kuppel des unter Kaiser Hadrian (*76, †138 n. Chr.) errichteten Pantheons. Im Mittelalter geriet der Beton in Vergessenheit und wurde erst wieder Anfang des 19. Jahrhunderts in Frankreich verwendet, wo auch 1855 der Stahlbeton erfunden wurde.

Wie groß ist
die Drehgeschwindigkeit
der Erde am Äquator:

100 km/h

800 km/h

1600 km/h?

Es sind fast **1610 Stundenkilometer**, während die Oberflächengeschwindigkeit an den Polen sich Null annähert.
Wenn ein Mensch am Äquator hochhüpft, bewegt er sich mit der Erddrehung. Bis er wieder den Boden berührt, haben sich er und die Erde um einige hundert Meter nach Osten bewegt.

Wer leistet einem Gesellschaft,
wenn man die Ausicht
auf das Honigmeer genießt?

Zumindest der Sage nach: der **Mann im Mond**!
Auf dem Erdtrabanten gibt es auch Landschaften mit Namen wie „Sumpf der Fäulnis“, „Regenbogenbucht“ oder „See der Träume“.
Dass die Astronauten nur eine wüste Ödnis antrafen, dafür konnten die poetischen Namensgeber vergangener Zeiten nichts. Die Eskimos sehen noch heute in den Mondflecken die Asche, mit der die Sonne den Mond bewarf, als dieser sie umarmen wollte. Und in Indien sieht man in ihnen einen Hasen, der sich vor einem Hund auf den Mond geflüchtet hat.

„Als sie den Stern sahen,
wurden sie von
sehr großer Freude erfüllt ...“

Gab es den Stern von
Bethlehem tatsächlich?

Auf diese Frage ist bis heute keine letztgültige Antwort gefunden worden. Eine noch heute beachtete Theorie stellte der Astronom **Johannes Kepler** (*1571, † 1630) auf. Für ihn war es die dreimalige Konjunktion (Annäherung) der Planeten Saturn und Jupiter im Sternzeichen der Fische. Er selbst konnte sie 1603/04 beobachten und stellte fest, dass sie nur alle 805 Jahre eintrifft, das vorletzte Mal also 7 v. Chr.; ein nicht unwahrscheinliches Datum für Christi Geburt, schreibt doch Matthäus, Jesus sei „zur Zeit des Herodes" zur Welt gekommen. Nach Josephus Flavius (*37/38, † 100 n. Chr.), dem jüdischen Geschichtsschreiber, ist Herodes in der Nacht vom 12. auf den 13. März im Jahre 4 v. Chr. gestorben.

Von Süden betrachtet ist die

Zugspitze 27 cm höher,

als wenn man sie von Norden

anschaut.

Wie ist das möglich?

Es liegt an den nationalen Festlegungen für die **Meeresspiegelhöhe** (Normalnull).
In Deutschland wird die Meereshöhe nach dem „Amsterdamer Pegel“, dem rechnerischen Mittelwasser der Nordsee, bestimmt.
Die Definitionen in anderen Ländern richten sich nach anderen Orientierungspunkten, so in Österreich nach dem „Triester Pegel“, etwa 27 cm unter dem deutschen Normalnull.
Doch dies sind natürlich alles nur menschliche Festlegungen, die Zugspitze lässt sich davon nicht beeindrucken!

Mit Raumsonden sind inzwischen alle

PLANETEN

unseres Sonnensystems erforscht.

Bis auf welchen?

Nachdem „Voyager 2“ 1989 am Neptun vorbeigeflogen ist, bleibt nur noch ein unerforschter Planet: **Pluto.** Deshalb beschloss 1992 die NASA den Bau einer Sonde, die im Jahre 2001 zum 4,5 Milliarden Kilometer entfernten Himmelskörper aufbrechen sollte. Seit 1994 ist das Projekt eingestellt: zu teuer! Trotz geplanter Kooperation mit den Russen hätten die Gesamtkosten von einer Milliarde Mark die finanziellen Möglichkeiten der NASA überstiegen. Pluto bleibt weiterhin unerforscht!

Wie wurde die Länge eines Meters festgelegt?

Während der Französischen Revolution erhielt die Akademie der Wissenschaften den Auftrag das Chaos unterschiedlicher Maßeinheiten zu beenden. Man einigte sich darauf, als Basislänge den **vierzigmillionsten Teil eines Erdmeridians** festzulegen. Am 7. April 1795 erließ die französische Nationalversammlung ein entsprechendes Dekret.
Da die Längenbestimmung den heutigen Ansprüchen an Genauigkeit nicht mehr entspricht, wurde auf der 17. Generalkonferenz für Maß und Gewicht 1983 eine neue Definition beschlossen. Dieser entsprechend ist ein Meter die Länge der Strecke, die das Licht im Vakuum innerhalb des 299 792 458sten Teils einer Sekunde zurücklegt.

Schlafwandeln

Mondsüchtige

bei Vollmond

besonders oft?

Nein!
Es gibt keinen nachweisbaren Einfluss des Mondes auf **Mondsüchtige**. Im Allgemeinen ist es dem Schlafwandler egal, ob der Mond scheint oder nicht. Er kann aufstehen, sich ankleiden und herumlaufen ohne aus seinem Schlaf zu erwachen. Ihm bleiben von seinen Handlungen keinerlei Erinnerungen zurück. Manche sollen in diesem Zustand unglaubliche Fähigkeiten gezeigt haben. Sie sollen Bücher aus fremden Sprachen übersetzt haben und auf steilen Dachfirsten herumgewandelt sein.
In jedem Falle sollte man einen Somnambulen nicht plötzlich aufwecken, da es dabei zu Unfällen kommen kann.

Wie hoch ist die

Temperatur eines Blitzes:

- ➡ so hoch wie die Schmelze des Erdinnern
- ➡ so hoch wie an der Sonnenoberfläche
- ➡ noch höher?

Sie ist noch höher. Durch die elektrische Ladung beträgt die Temperatur **30 000 °C**. Das ist fünfmal so hoch wie die Temperatur auf der Sonnenoberfläche.

Der Stromfunke eines Blitzes kann eine Spannung von 100 Millionen Volt erreichen. Schlagen Blitze in Sand ein, so erhitzt sich dieser derart, dass er schmilzt. Das dabei entstandene Glas nennen die Geologen Fulgurit.

Welches von Menschen

errichtete

BAUWERK

kann auch vom Mond

aus gesehen werden?

Allen anders lautenden Behauptungen zum Trotz:
gar keines!
Auch die immer wieder angeführte Chinesische Mauer hat noch kein Astronaut gesichtet – noch nicht einmal aus einer erdnahen Umlaufbahn. Wenn man die Chinesische Mauer vom Mond aus erblicken könnte, dann könnte man auch eine Eiswaffel aus 380 Kilometer Entfernung erkennen!

Der am Horizont aufgehende

MOND

erscheint viel größer als

der hoch am Himmel stehende.

Warum?

Unter anderem, weil entfernte Objekte größer erscheinen, wenn unser Auge im Vordergrund Bezugspunkte hat, deren Größe wir abschätzen können: Unser Gehirn vergleicht sie automatisch miteinander. Wenn der Mond hoch am Himmel steht, gibt es nur die kleinen Sterne im Hintergrund als Bezugspunkte.
Dass der **Mond** am Horizont tatsächlich nicht größer ist, können Sie ganz einfach herausfinden: Sie stellen sich mit dem Rücken zum Mond, beugen sich vor und betrachten ihn durch ihre Beine. Auf dem Kopf stehend verlieren alle Objekte ihre Bezugs- und Vergleichsqualität.

6. Kapitel

Buchstäbliches

Was lieferte den entscheidenden

Hinweis zur Entzifferung der

ÄGYPTISCHEN

HIEROGLYPHEN?

Der Stein von **Rosette**.
Rosette (arabisch Raschid) ist eine alte ägyptische Hafenstadt im westlichen Nildelta. Dort wurde 1799 der aus schwarzem Basalt bestehende Stein gefunden. Er trägt drei Inschriften: eine auf griechisch und zwei auf ägyptisch, von denen die eine mit demotischen Schriftzeichen und die andere in der alten Bilderschrift geschrieben ist. Alle drei Inschriften haben denselben Inhalt, ein Dekret der Priester von Memphis zu Ehren von Ptolemäus V. Epiphanes aus dem Jahr 169 v. Chr.
Mit Hilfe des Steins von Rosette entschlüsselte Jean François Champollion (*1790, †1832) 1822 erstmals Hieroglyphen. Der Stein befindet sich heute im Britischen Museum in London.

Die Übernahme des Wortes „Silhouette“ in den allgemeinen Sprachschatz verdankt sich einer Boshaftigkeit.

Wie kam es dazu?

Étienne de Silhouette (*1709, †1767) war Finanzminister des französischen Königs Ludwig XV. und machte sich durch seine rigorosen Sparpläne, die die Privilegien des französischen Adels beschnitten, äußerst unbeliebt.
Um als Vorbild zu dienen ließ er in seinem Schloss die Ölbilder abhängen und ersetzte sie durch selbstgefertigte Scherenschnitte. Daraufhin suchten ihn die Adligen verächtlich zu machen, indem sie alles Billige, also auch Umrissporträts, als „à la Silhouette“ bezeichneten.

Die Werbung behauptet:

Persil bleibt Persil!

Und was heißt „Persil"?

„Persil“ ist eine Zusammensetzung der Worte **„Perborat“** und **„Silikat“**.

Perborate sind Borverbindungen, die Wasserstoffperoxid angelagert haben und als Bleichmittel verwendet werden. Silikate nennt man die Salze und Ester der Monokieselsäure.

Aus diesen Stoffen bestand das erste selbsttätig wirkende Waschmittel, das die Firma Henkel 1907 auf den Markt brachte.

Die Korrespondenz zwischen einem Autor und seinem Verleger sprengt oft den Rahmen einer Gesamtausgabe!

Welche jedoch war die bisher kürzeste?

Im Jahre 1862 befand sich der französische Schriftsteller **Victor Hugo** (*1802, † 1885) im Exil auf der Kanalinsel Guernsey und wollte von seinem Verleger wissen, wie sich sein neues Werk verkaufe. Er schrieb ihm: „?“. Die Antwort des Verlegers lautete: „!“.
Der Roman „Les Misérables“ (deutsch „Die Elenden“) war ein voller Erfolg!

Olympiaboykott, Wahlboykott, Handelsboykott …

Mit wem begann die Geschichte des Boykottierens?

Mit dem englischen Kapitän und Gutsverwalter **Charles Cunningham Boycott** (*1832, † 1897).
Er war ein derart übler Menschenschinder, dass seine irischen Pächter ihn schließlich „boykottierten“, d. h., sie ignorierten einfach seine Gegenwart und beantworteten seine Fragen nicht mehr.
Die 1879 gegründete Irische Landliga machte Boycott dann unmissverständlich klar, dass sich die Zeiten geändert hatten, und zwang ihn 1880 zur Auswanderung.

Pfandsiegel werden im Volksmund

Kuckuck

genannt.

Warum, zum Kuckuck?

Der Ausdruck stammt aus früheren Zeiten, in denen der Gerichtsvollzieher gepfändete Gegenstände mit Marken beklebte, auf denen der **Reichsadler** abgebildet war. Und dieser Reichsvogel wurde dann im Volksmund respektlos zum Brutparasiten, dem Kuckuck, gemacht.
Das kann auch damit zusammenhängen, dass der Kuckuck in früheren Jahrhunderten als Unglücksbringer und Teufelskumpan angesehen wurde. Die Anzahl seiner Rufe ließ unterschiedlichste üble Ereignisse befürchten.
Heutzutage ist der Adler von den kleinen Klebezetteln verschwunden und es steht neben „Pfandsiegel" nur noch das zuständige Amtsgericht darauf.

Wie kommen wir zu den „Moneten"?

Den Ausdruck **„Moneten"** für Geld verdanken wir der römischen Haupt- und Staatsgöttin Juno. Die Münzstätte Roms befand sich nämlich auf dem Kapitol, im Tempel der Juno Moneta = Juno der „Mahnerin". Ihr Bild befand sich auch auf den Moneten.
Die Athener prägten eine Eule auf ihre silbernen Tetradrachmen und produzierten sie in solch gewaltigen Stückzahlen, dass es noch heute als sinnlos gilt, „Eulen nach Athen zu tragen".

Nicht immer sind wir über Geschenke hocherfreut!

Welches Geschenk enttäuschte

Queen Victoria

besonders?

Ein Buch. Geschrieben hatte es Charles Lutwidge Dodgson (*1832, †1898) und es handelte von höherer Mathematik. Queen Victoria hatte sich persönlich ein Buch von Dodgson gewünscht. Allerdings hatte sie ein ähnliches Werk wie „Alice im Wunderland“ erwartet, das Dodgson unter dem Pseudonym **Lewis Carroll** geschrieben hatte. In seinem Brotberuf war er Dozent für Mathematik an der Universität Oxford.

Ein russischer Dichter erfand eine ungefährliche Art des Duells.

Wer war es und welche Methode wandte er an?

Es war **Alexander Puschkin** (*1799, †1837). Der Verfasser des Versromans „Eugen Onegin“ (1833; danach Oper von Peter Tschaikowsky) und der Novelle „Pique Dame“ (1834) spielte 1821 mit einem Offizier Baccarat und vermutete Betrug, da er ständig verlor. Der Offizier fühlte sich beleidigt und forderte Puschkin zum Duell. Auf dem Duellierplatz erschien der Dichter mit einer Tüte Kirschen und spuckte die Kerne in Richtung seines Gegners anstatt zu schießen. Der war davon so aufgebracht, dass er danebenschoss. 1837 jedoch starb Puschkin bei einem mit scharfer Munition ausgetragenen Duell, zu dem er selbst seinen Kontrahenten wegen Angriffen auf die Ehre seiner Frau Natalja gefordert hatte.

Von Adligen wird behauptet, sie hätten blaues Blut.

Wie kommts?

Die Bezeichnung **„blaublütig“** wurde erstmals im ausgehenden Mittelalter für die katholischen Majestäten Spaniens verwendet.
Die Mitglieder der königlichen Familie durften aufgrund der strengen Hofetikette keinerlei körperliche Betätigungen ausüben. Das führte zu Sauerstoffmangel im Blut und ließ die Venen bläulich durch die Haut schimmern. So schien es, als flösse blaues Blut durch die königlichen Adern.

Ohne es
könnten Sie
das hier
nicht lesen!

Wer erfand das Papier?

Die **Chinesen**. In einem Bericht aus dem Jahre 105 n. Chr. erläutert der chinesische Minister Cai Lun, wie Papier aus Fasern des Maulbeerbaums, Hanfresten und Lumpen hergestellt wurde.
Anfang des 8. Jahrhunderts wurde die Kunst des Papiermachens im arabischen Kulturkreis durch chinesische Kriegsgefangene in Samarkand bekannt. Ab 1276 wurde Papier im italienischen Fabriano gefertigt und 1390 nahm in Nürnberg die erste deutsche Papiermühle ihren Betrieb auf.

Nicht gerade ein Bestseller …

Welcher Verlag hielt bisher einen Ladenhüter am längsten lieferbar?

Es war die altehrwürdige englische **Oxford University Press**. Sie unterhielt früher ein umfangreiches Bücherlager älterer Standardlehrbücher und Nachschlagewerke.
Der König der Ladenhüter war eine Übersetzung des Neuen Testaments aus dem Koptischen ins Lateinische. Das Buch wurde im Jahre 1716 in einer Auflage von 500 Stück gedruckt.
Das letzte Exemplar wurde 1907 verkauft.

Wie kam

KANADA

zu seinem Namen?

1534/35 erforschte der französische Seefahrer Jacques Cartier (* 1491, † 1557) den Sankt-Lorenz-Strom auf der Suche nach der Westpassage um die Erde und nahm das Gebiet beiderseits des Flusses für Frankreich in Besitz.
Dabei versuchte er von den Indianern den Namen des Landes zu erfahren. Sie aber dachten, er frage sie nach ihrer Ansiedlung, und antworteten „kanata“, was das irokesische Wort für **„Dorf“** ist. So wird also das zweitgrößte Land der Erde noch heute „Dorf“ genannt.

„Fisimatenten" bedeutet bekanntlich „Ausflüchte, Winkelzüge".

Doch woher stammt das Wort?

Es leitet sich, so ein Deutungsversuch, möglicherweise aus dem französischen Ausruf **„Visitez ma tente!“** her. Zu deutsch: Besuchen Sie mein Zelt!
Der Ausdruck soll zur Zeit der napoleonischen Kriege entstanden sein. Mit diesem Satz sollen die französischen Besatzungssoldaten versucht haben, deutsche Fräuleins „anzubaggern“. Daher schärfte man den tugendhaften Mädchen ein: Macht ja keine …
Die Wissenschaft hat die Herkunft des Wortes aber noch nicht schlüssig nachweisen können.

Arme Schlucker

gibt es viele.

Wem verdanken sie die Bezeichnung?

Der erste, der als „armer Schlucker" bezeichnet wurde, soll der Wiener Maurer **Philipp Schlucker** gewesen sein – so eine Deutung.
Er erhielt von Kaiserin Maria Theresia (*1717, †1780) den Auftrag den Wiener Tiergarten mit einer festen Mauer zu umgeben. Er hatte diese Arbeit allein auszuführen und erhielt dafür einen Hungerlohn.
Glaubwürdiger ist jedoch die Interpretation, ein armer Schlucker sei einer, der nichts zu beißen hat und eben alles schlucken muss.

Wie kam man darauf, einen marinierten Hering nach

Fürst Bismarck

zu benennen?

Reichskanzler **Otto von Bismarck** (*1815, †1898) bezeichnete einmal anlässlich einer Ernährungsdebatte im Reichstag den Hering als Delikatesse. Der Eiserne Kanzler vertrat die Ansicht, der Hering würde wohl auch von allen Deutschen als solche betrachtet und dementsprechend mit Genuss verzehrt werden, wenn er nur rar und teuer sei.
Die Fischindustrie dankte Bismarck für diese förderlichen Worte auf ihre Weise.

Aus welcher Sprache stammt das Wort

„Tohuwabohu“:

➡ *aus dem Polynesischen*

➡ *aus dem Hebräischen*

➡ *aus dem Japanischen?*

Die in der **Bibel** (1. Buch Mose 1, 2) vorkommenden hebräischen Worte „Tohú wa vohú" bedeuten wahrscheinlich so viel wie „Finsternis und Abgrund" (so genau weiß man das nicht). Sie bezeichnen den Zustand der Erde vor Beginn der Schöpfung.
In deutschsprachigen Bibeln wird dies im Allgemeinen mit „wüst und leer" übersetzt.
Heute bezeichnen wir mit dem Wort ein heilloses Durcheinander.

Die geruhsamen, offen umlaufenden Kabinenlifte werden leider immer seltener.

Warum nennt man sie Paternoster?

Das Konstruktionsprinzip des Paternosters stammt aus der Fördertechnik im Bergbau. Dort hingen Tragkörbe an einer umlaufenden Kette. Die Bergleute des Mittelalters erinnerte dies an einen **Rosenkranz**, dessen Gebetsreihen jeweils mit einem „Paternoster“, einem „Vaterunser“, eröffnet werden.

Das ging aus

wie das Hornberger Schießen ...

Wie gings denn nun aus?

Es wird erzählt, dass die Bürger von **Hornberg**, einem Städtchen im Schwarzwald, einen durchreisenden Herzog mit Salutschüssen begrüßen wollten. Um sicherzugehen, dass alles prächtig funktioniere, übten sie so lange, bis sie ihr ganzes Pulver verschossen hatten. Und so vollzog sich die Ankunft des hohen Herrn in aller Stille. Anderen Versionen zufolge verpulverten die Hornberger alles an eine Vorausdelegation oder vergaßen schlicht das Pulver zu besorgen. Und wieder andere Berichte schildern, sie hätten die Böllerschüsse durch lautes Brüllen nachzuahmen versucht.

Bauchredner

bilden ihre Stimme

nicht im Bauch.

Wo dann?

Bauchredner beherrschen eine besondere Atemtechnik. Zudem wird durch Zusammenziehen der Gaumenbögen, Zurückziehen der Zunge und Verengung des Kehlkopfeingangs eine starke Resonanzminderung erreicht. Da sich bei alledem kein Gesichts- und Halsmuskel bewegt, scheint die Stimme aus dem Bauch zu kommen.
Schon die alten Griechen kannten Bauchredner, deren berühmtester der Athener Eurykles war. Sie nannten die Bauchredner auch „Bauchwahrsager". Mit Übung und richtiger Anleitung kann jeder Bauchredner werden und sich dann stolz Ventriloquist nennen.

Ein *Kobold*

spukt durch die Chemie!

In welchem Element

zeigt er sich?

Im **Kobalt**.

Die Bergleute des Mittelalters glaubten, das Bergmännlein fräße das Silber und ließe andere silberfarbene Erze an seiner Stelle zurück. Diese Erze belegten sie mit Spottnamen wie Nickel, Wolfram (d. h. „Wolfsspucke") und eben Koboldenz, also Kobalt.

Durch Kobaltverbindungen blau gefärbte Gläser und Töpferwaren gab es schon im Altertum.

Außer in Meteoriten kommt Kobalt nie gediegen vor und wurde in reiner Form erstmals 1780 isoliert. Technische Bedeutung bekam das Metall aber erst im 20. Jahrhundert, als man begann es als Bestandteil besonders harter Legierungen zu benutzen.